Colega

Cuaderno de ejercicios 2

María Luisa Hortelano
Elena G. Hortelano

1.ª edición: 2010
17.ª impresión: 2023

© Edelsa Grupo Didascalia, S.A. Madrid, 2010.

Directora del proyecto y coordinadora del equipo de autores: María Luisa Hortelano.
Autoras: María Luisa Hortelano, Elena González Hortelano.
Dirección y coordinación editorial: Departamento de Edición de Edelsa.
Diseño de cubierta: Departamento de Imagen de Edelsa.
Diseño y maquetación de interior: Carolina García.
Ilustradora: Estrella Fages

ISBN: 978-84-7711-671-4
ISBN Pack (alumno + ejercicios): 978-84-7711-672-1
Depósito Legal: M-19923-2010
Impreso en España / *Printed in Spain*

Fuentes, créditos y agradecimientos:

Las autoras quieren expresar su agradecimiento a la Consejería de Educación en el Reino Unido e Irlanda y muy especialmente al consejero de Educación, por el apoyo y asesoramiento recibido en todo lo relativo a la situación de la enseñanza del español en este país: orientaciones ministeriales, planes y estrategias para la enseñanza de las lenguas en enseñanza primaria, propuestas curriculares oficiales, instituciones relevantes, etc., que tan útiles nos fueron en la investigación y en los estudios previos a la elaboración de los materiales que componen este método. Así mismo, a las asesoras técnicas de la Consejería de Educación del Reino Unido e Irlanda, por su atención cordial y sus orientaciones siempre que se las hemos requerido.
Nuestro sincero agradecimiento también a los numerosos profesores y profesoras de primaria en centros en el exterior, así como a los compañeros de ALCE, que desde la publicación de nuestro primer método, *La Pandilla*, y ahora con *Colega*, no han dejado de transmitirnos su constante valoración, así como, desde su práctica diaria con alumnos, interesantes sugerencias y propuestas que hemos tenido muy en cuenta.
Gracias también a los responsables de formación del profesorado de lenguas modernas que nos han facilitado la asistencia a jornadas de formación que nos han permitido estudiar las necesidades y demandas del profesorado de español. Y a los asesores lingüísticos de CILT, por su siempre amable atención en nuestras visitas de trabajo.

Fotografías:
Ángel Luis Hernanz Gabriel http://www.hergaban.es/ páginas 5, 36, 37, 39, 43, 58
Ana González Hortelano páginas 6, 13, 20, 25, 36, 37, 46, 57, 58, 63

CD audio: Locuciones y Montaje Sonoro ALTA FRECUENCIA MADRID 915195277 altafrecuencia.com
Voces de la locución: Juani Femenía, Arantxa Franco, Elena González y José Antonio Páramo.
Cantantes/coro: Arantxa Franco y Elena González: pistas 5, 16 y 18.
Composición y arreglos musicales: Fran Cruz: pistas 5, 16 y 18.
Canciones: pistas 6 y 14 de *Colega 1*.
Canciones: pistas 8, 13, 19, 34 y 38 de *Pandilla 1* y pista 36 de *Pandilla 2*.

Notas:
– La editorial Edelsa ha solicitado los permisos de reproducción correspondientes y da las gracias a todas aquellas personas e instituciones que han prestado su colaboración.
– Las imágenes y los documentos no consignados más arriba pertenecen al Departamento de Imagen de Edelsa.
– Cualquier forma de reproducción de esta obra solo puede ser realizada con la autorización de la editorial, salvo excepción prevista por la ley. Diríjase a CEDRO (Centro Español de Derechos Reprográficos, www.cedro.org) si necesita fotocopiar o escanear algún fragmento de esta obra.

Índice

UNIDAD **1** ¡A bordo!

página 4

UNIDAD **2** La paga

página 14

UNIDAD **3** Un cuento

página 24

UNIDAD **4** Vida sana

página 34

UNIDAD **5** El carnaval de los animales

página 44

UNIDAD **6** ¿Qué tiempo hace?

página 54

 ESCUCHAR  LEER  ESCRIBIR  OBSERVAR/APRENDER

 REPETIR  SEÑALAR CANTAR  JUGAR

 DIBUJAR  TRABAJO MANUAL  EN PAREJAS  EN GRUPO

UNIDAD 1 — ¡A bordo!

1. Escribe los saludos.

2. Copia y dibuja.

El coche

La bicicleta

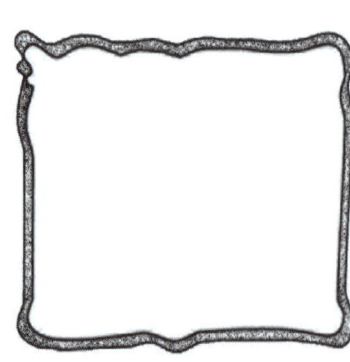
El autobús

....

3. Completa.

Saludos	Despedidas	Banco de palabras
¡Hola!	¡Adiós!	Buenos días
....	....	Hasta luego
....	....	Buenas tardes
....	....	Hasta mañana
		Buenas noches
		Hasta el jueves

La estrella eres tú

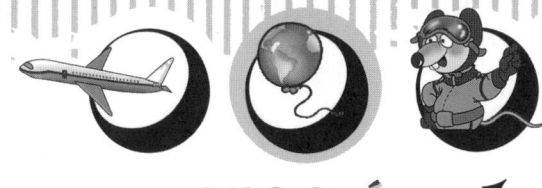

LECCIÓN 1

4.  **Lee y une.**

Hola, yo soy Ana.
Hola, yo soy Chema.
Hola, yo soy Julia.
Hola, yo soy Rubén.
Hola, yo soy Elena.

5.  **Elige y completa:** | Él es... | | Ella es... |.

a. Ella es Julia.   c. ....   e. ....

b. ....   d. ....

6.  **Pregunta a tus compañeros y escribe.**

CHICOS   CHICAS

....

....

....

....

....

¿Cómo te llamas?

cinco 5

UNIDAD 1 — ¿Cómo vas al cole?

1. Completa.

- Yo voy al colegio en bicicleta.
- Yo ___ ___.
- Yo voy ___.
- ___ ___.
- ___ ___.

2. Escribe.

Elena va al colegio en bici.

Julia ....

Rubén ....

Colega ....

Chema ....

Ana ....

3. Pregunta a tus compañeros y escribe.

Nombre	¿Cómo va al colegio?
....	....
....	....
....	....
....	....

¿Cómo vas al colegio?

En coche

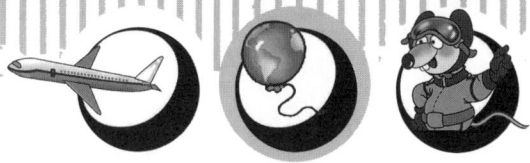

LECCIÓN 2

4. **Escucha, escribe la palabra y dibuja.**

a. ....

b. ....

c. ....

d. ....

e. ....

f. ....

g. ....

siete 7

Los números

UNIDAD 1

1. Escribe los números pares.

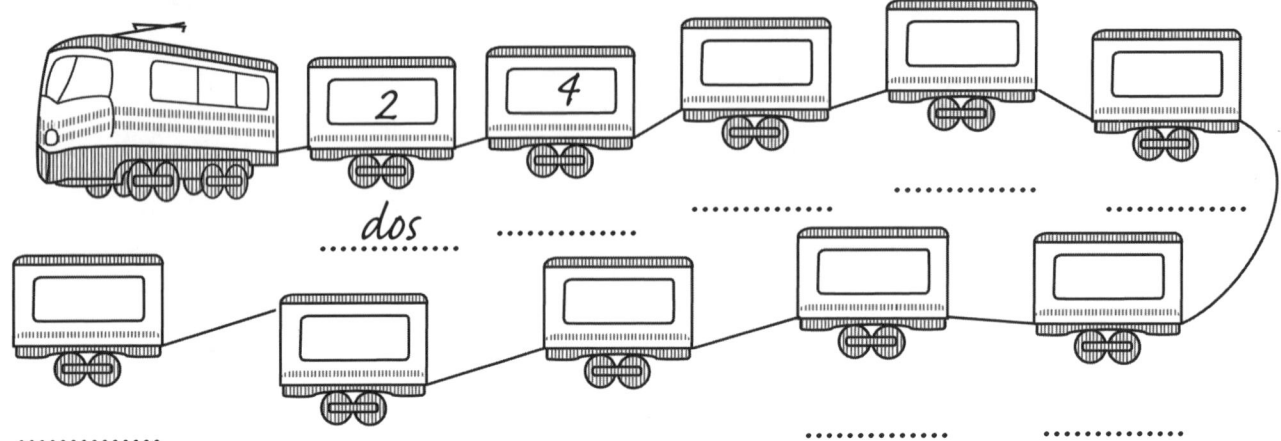

dos ....

....

2. Escribe los números impares.

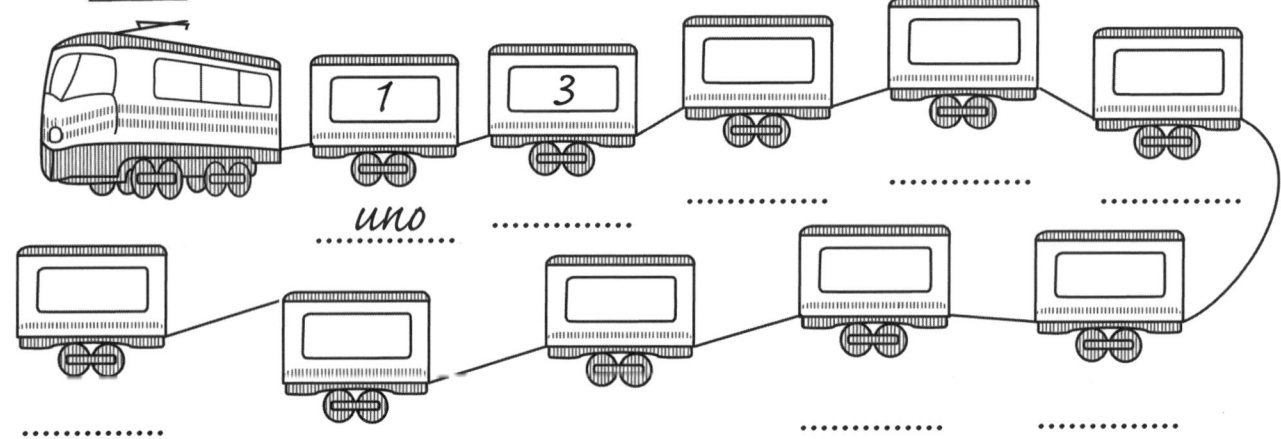

uno ....

....

3. Dictado de números.

A: ◯ – ◯ – ◯ – ◯ – ◯ – ◯ – ◯

B: ◯ – ◯ – ◯ – ◯ – ◯ – ◯ – ◯

C: ◯ – ◯ – ◯ – ◯ – ◯ – ◯ – ◯

8 ocho

¿Cuántos años tienes?

 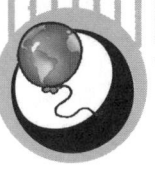 

LECCIÓN 3

4.  **Escribe lo que dicen.**

... tengo ocho años.   8

8

8

9

5. **¿Cuántos años tienen?**

Ana *tiene ocho años.*   Chema ....

Julia ....   Elena ....

6. **Escribe:** | Yo tengo | Tú tienes | Él tiene | Ella tiene |.

_____ 7 años.

_____ 8 años.

_____ 9 años.

_____ 8 años.

7.  **Y tú, ¿cuántos años tienes?** ....

nueve 9

UNIDAD 1 — ¡Me voy a España!

1. Escucha y escribe.

¿Adónde?	¿Cómo?	¿Qué dicen?
A Barcelona	En tren	Voy a Barcelona en tren.

2. Escribe.

Elena **va** a Barcelona en tren.

....

....

....

3. Y tú, ¿adónde vas? ....

El español en el mundo

LECCIÓN 4

4.  **Lee.**

¿Cuándo?	¿Adónde?	¿Cómo?	¿Quién?
El lunes	A Venezuela	En tren	Natalia
El miércoles	A Cuba	En avión	Chema
El jueves	A Bolivia	En globo	Elena
El sábado	A Chile	En autobús	Carlos
El domingo	A México	En barco	Ana

5.  **¿Qué dicen?**

Natalia: El lunes voy a Venezuela en tren.

Elena: _____

Chema: _____

Carlos: _____

Ana: _____

6.  **Escribe los días de la semana que faltan.**

Lunes — ___ — ___ — ___

___ — sábado — ___

once 11

UNIDAD 1 — REPASAMOS

1.   Escucha y dibuja las velas.

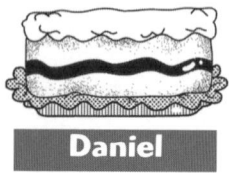 Daniel
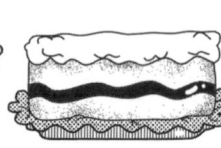 Luna
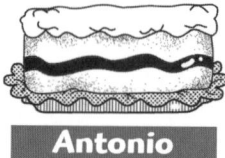 Antonio
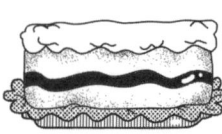 Claudia

2.  ¿Cuántos años tienen?

Daniel .... Antonio ....

Luna .... Claudia ....

3. Cuenta de tres en tres.

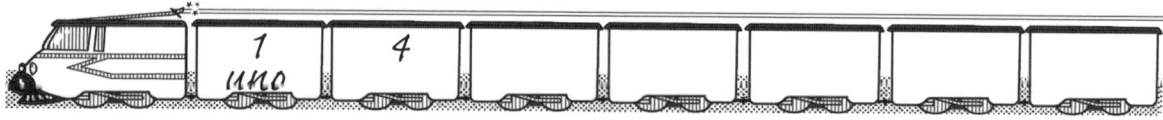

4. Escribe el número.

5.  Escribe los días de la semana en orden.

....

REPASAMOS

6. Escribe y señala.

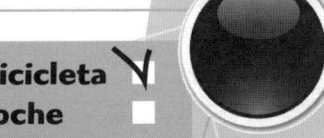

- La bicicleta ✓
- El coche ☐
- El autobús ☐
- El barco ☐
- El avión ☐
- El tren ☐
- El globo ☐
- El patinete ☐

La bicicleta ....

  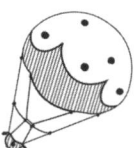 

....

7. Escribe frases correctas.

¿Cómo	vas	al colegio?
¿Cuántos	te	tienes?
¿Cómo	años	llamas?

....

....

....

Elena	tienes	ocho años.
Tú	tengo	nueve años.
Yo	tiene	siete años.

....

....

....

UNIDAD 2 — La paga

1.   **Observa y escribe.**

Veinte euros

Cincuenta céntimos

2.  **Calcula y escribe.**

 +  +    *26 €*
veintiséis euros

 +  +

 +

14 catorce

¿Cuánto tienes?

LECCIÓN 1

3.  **Sigue la serie.**

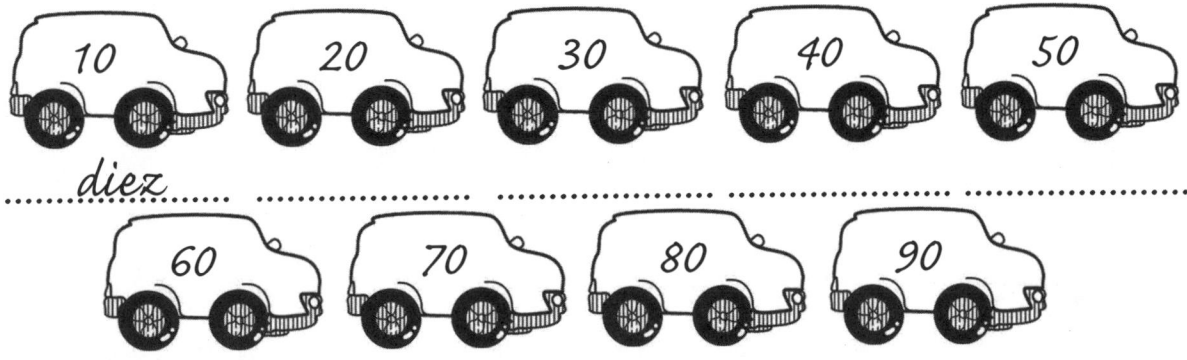

......diez...... ....

....

4.  **Escribe con letras.**

a. 25 .... e. 24 ....
b. 28 .... f. 34 ....
c. 23 .... g. 46 ....
d. 29 .... h. 55 ....

5. **Escucha y rodea.**

a. 18   28   38   c. 17   70   47   e. 31   41   71
b. 55   35   75   d. 56   65   66   f. 22   72   92

6. **Dictado de números.**

A: ◯ − ◯ − ◯ − ◯ − ◯ − ◯ − ◯

B: ◯ − ◯ − ◯ − ◯ − ◯ − ◯ − ◯

UNIDAD 2 — La familia de Rubén

1. Completa.

 Rubén

a. 72   b. 70

a. El abuelo de Rubén.

b. ....

 c. 41

 d. 38

c. ....

d. ....

 f. 8

e. 6

e. ....

f. ....

2. Dibuja a tu familia y escribe.

....

....

....

....

....

....

Familias

LECCIÓN 2

3. Contesta.

- ¿Cómo se llama la madre de Rubén?
  La madre de Rubén se llama ....

- ¿Cómo se llama el padre de Rubén?
  ....

- ¿Cuántos años tiene la madre de Rubén?
  ....

- ¿Cuántos años tiene el padre de Rubén?
  ....

4. Ahora tú.

- ¿Cómo se llama tu madre? ....
- ¿Cómo se llama tu padre? ....
- ¿Cuántos años tiene tu madre? ....
- ¿Cuántos años tiene tu padre? ....
- ¿Tienes hermanos? ....

5. Escribe.

a. *Roe y su* ....

b. ....

c. ....

d. *Las* ....

diecisiete 17

UNIDAD 2 — Juguetes

1. Escribe el o la y marca con una X.

	🚗	🪁	👧	✈️	⚽	🎾
el balón					x	
..... avión						
..... raqueta						
..... muñeca						
..... coche						
..... cometa						

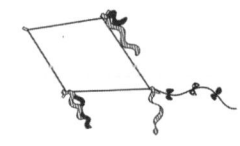

2. Escribe.

a. el balón   b. ....   c. ....   d. ....

e. ....   f. ....   g. ....   h. ....

3. Escribe el plural.

la pelota — las pelotas   ....

....

....

¿Te gusta?

LECCIÓN 3

4.  **Escucha y une con flechas.**

 a. Carlos

 b. María

 c. Candela

 d. Luis

 e. Nacho

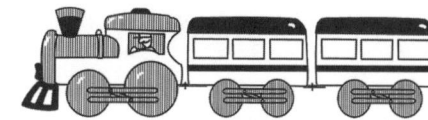

5. **Escribe lo que dicen.** | Me gusta... | Me gustan... |

a. Carlos: ....

b. María: ....

c. Candela: ....

d. Luis: ....

e. Nacho: ....

6. **Lee y colorea.**

La cometa es roja y verde.
La pelota es azul y amarilla.
El coche es naranja y gris.
El peluche es marrón y rosa.
La raqueta es morada.

diecinueve 19

UNIDAD 2 — ¿Cuánto cuesta?

1.  Escucha y escribe el precio.

2. Escribe ¿Cuánto cuesta? ¿Cuántan cuestan? y responde.

a. ¿Cuánto cuesta la cometa?
   La cometa cuesta veinte euros y cincuenta céntimos.

b. ¿.. el avión?
   ....

c. ¿.. las pelotas?
   ....

d. ¿.. los coches?
   ....

e. ¿.. el tren?
   ....

f. ¿.. los peluches?
   ....

¡Felicidades!

LECCIÓN

3.  **Escribe el nombre de los meses del año.**

E................ - F................ - M................

A................ - .... - ....

J................ - .... - ....

.... - .... - ....

4.  **Escucha y une con flechas.**

El 26 de marzo.
El 27 de noviembre.
El 11 de abril.
El 8 de mayo.
El 14 de enero.
El 27 de octubre.

veintiuno 21

REPASAMOS

UNIDAD 2

1. Escucha y rodea.

a. 17   27   77   c. 15   50   51   e. 67   77   47
b. 36   63   60   d. 20   12   22   f. 40   14   24

2. Escribe con número.

Veinticinco ....   Setenta y seis ....

Veintinueve ....   Noventa y ocho ....

Dieciocho ....   Cuarenta y dos ....

3. Escribe con letra.

37 ....   26 ....

75 ....   22 ....

80 ....   53 ....

4. Observa y contesta.

¿Cuánto cuestan las muñecas?   27,40 €

....

5. Escribe los meses del año en orden.

e............ -f............ -m............ -a............
m............ -j............ -j............ -a............
s............ -o............ -n............ -d............

22 veintidós

REPASAMOS

6. Escribe y señala.

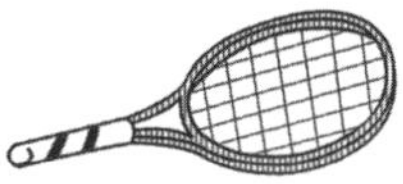

una pelota ....

....

- Una pelota ✓
- Una raqueta ☐
- Una bicicleta ☐
- Un balón ☐
- Un peluche ☐
- Un tren ☐
- Una muñeca ☐
- Una cometa ☐

7. Escribe frases correctas.

¿Cómo se llama	hermanos tienes?
¿Cuántos	tu madre?
¿Cuántos años	tiene tu abuelo?

....

....

....

8. Contesta.

¿Cuándo es tu cumpleaños? ....

¿Cuántos cumples? ....

¿Te gustan las cometas? ....

¿Te gustan las muñecas? ....

veintitrés 23

UNIDAD 3 — Un cuento

1.  Escribe.

- el niño robot
- la abuela robot
- Voy a la escuela
- la aceitera
- el corazón
- ¡Estate quieto!
- los rizos

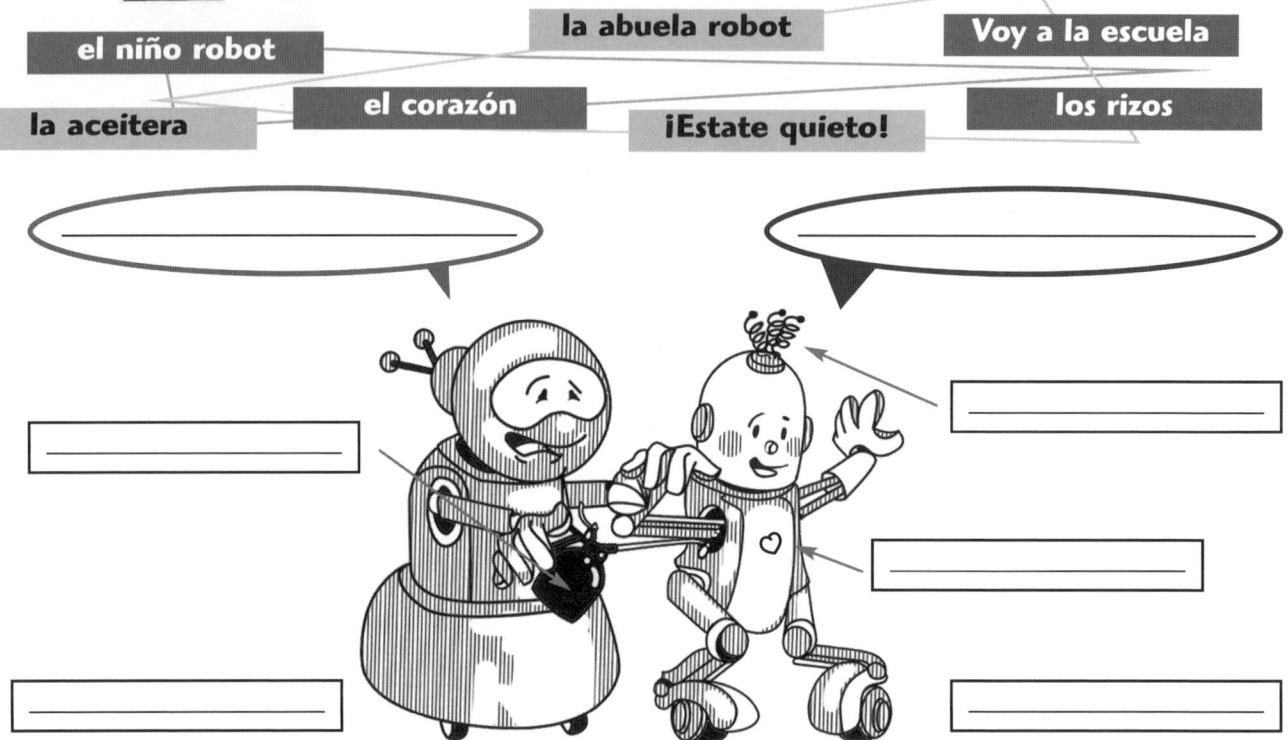

2. Completa y dibuja al niño robot que va a la escuela.

El ....

dice «....................» a su ....

y se va caminando

.... a la ....

Lleva en el pecho

de color .... metal

un ....

que hace ...., ..., ...

La escuela

LECCIÓN 1

3.  **Completa con** un una .

 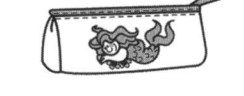   

.... cartera   .... estuche   .... cuaderno

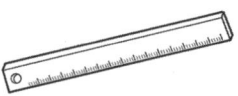 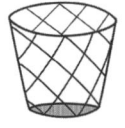  

.... regla   .... papelera   .... sacapuntas

4.  **Señala y completa: ¿qué es esto?**

 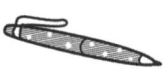 

una goma   ....

| Una goma ✓ |
| Una pizarra ☐ |
| Una silla ☐ |
| Un bolígrafo ☐ |
| Un pegamento ☐ |
| Un ordenador ☐ |

....

5.  **Colorea y escribe: ¿de qué color es?**

¿De qué color es la pintura?
La pintura es morada.

....

....

....

veinticinco 25

UNIDAD 3 — ¿Dónde está?

1.  **¿Dónde está Cito? Rodea con un círculo.**

a. (encima)   al lado   b. debajo   dentro   c. al lado   encima

d. dentro   debajo   e. encima   dentro   f. al lado   encima

2.  **Contesta.**

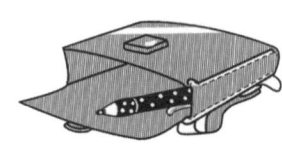

b. ¿Dónde está el bolígrafo?

....

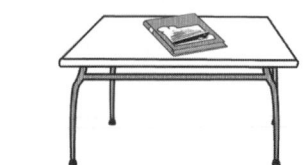

a. ¿Dónde está el libro?

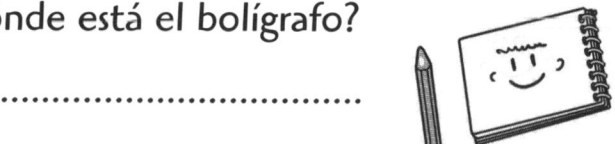

....

c. ¿Dónde está la pintura?

....

3.  **Escribe frases correctas.**

¿Dónde	cuadernos tienes?
¿Cuántas	está mi libro?
¿Cuántos	pinturas tienes?

a. ....

b. ....

c. ....

¡Estoy aquí!

LECCIÓN 2

4. **Completa:** Yo estoy | Tú estás | Él está | Ella está .

_____ encima de la mesa.

_____ al lado de la goma.

_____ dentro del estuche.

_____ debajo de la silla.

5. **Completa: de + el =** _____

6. **Dictadodalí.**

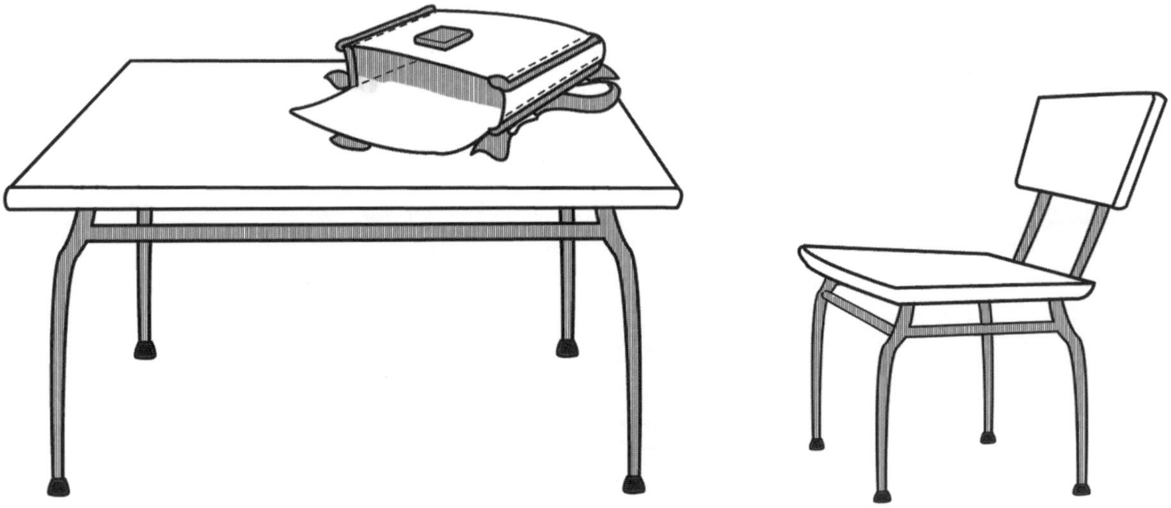

UNIDAD 3 — Partes del cuerpo

1. Escribe el nombre de las partes del cuerpo.

a. la *cabeza*
b. el ....
c. la ....
d. el ....
e. el ....
f. el ....
g. la ....
h. el ....
i. la ....
j. el ....
k. la ....
l. la ....
m. la ....
n. el ....
ñ. la ....

| pelo | oreja | cuello | brazo | dedo | pie | rodilla |
| pierna | codo | mano | ojo | nariz | frente | boca |

2.  Observa y completa.

Tengo _____ cabeza___.

Tengo _____ brazo___.

Tengo _____ dedo___.

Tengo _____ ojo___.

Tengo _____ oreja___.

28 veintiocho

¿Cómo es?

LECCIÓN 3

3.  **Escucha, colorea y escribe el nombre de los niños.**

Álex   Nacho   Paula   Carmen

....

4. Ahora escribe cómo son.

Nacho es *alto y delgado.*   **Álex** es ....

Tiene *el pelo moreno y corto.*   Tiene ....

Es *valiente.* ....   Es ....

Carmen es ....   **Paula** es ....

Tiene ....   Tiene ....

Es ....   Es ....

5. Escribe frases correctas.

Él es	vago
Ella es	vaga
	cariñoso
	cariñosa
	inteligente

....
....
....
....
....

veintinueve 29

UNIDAD 3 — Érase una vez...

1.  **Escribe el nombre de cada personaje.**

a. .... b. .... c. ....

| Dorita ☐ |
| El tío ☐ |
| La tía ☐ |
| La bruja buena ☐ |
| La bruja mala ☐ |
| El espantapájaros ☐ |
| El hombre de metal ☐ |
| El mago de Oz ☐ |
| Totó ☐ |
| El león ☐ |

d. .... e. .... f. ....

g. .... h. .... i. .... j. ....

2.   **Escribe lo que dicen.**

a. El espantapájaros: ....

b. El hombre de metal: ....

c. El león: ....

d. Dorita: ....

> Quiero ir a mi país.   Quiero un cerebro.   Quiero un corazón.
> Quiero ser valiente.   Quiero abrazar a mis tíos.

...el mago de Oz

LECCIÓN 4

3.   **Completa con** es | no es | tiene | no tiene .

El espantapájaros	....	inteligente.
El espantapájaros	....	cerebro.
El hombre de metal	....	corazón.
La bruja del norte	....	buena.
La bruja del norte	....	mala.
El mago de Oz	....	un castillo.
El mago de Oz	....	viejo y bueno.
La tía de Dorita	....	cariñosa.

4. **Encuentra estas palabras del cuento y escríbelas.**

Castillo ☐
Casa ☐
Camino ☐
Cerebro ☐
Corazón ☐
Bruja ☐

C	A	S	T	I	L	L	O
A	X	C	T	R	G	K	S
M	T	E	V	C	A	S	A
I	L	R	X	H	F	D	R
N	O	E	B	R	U	J	A
O	U	B	M	P	Q	N	T
C	O	R	A	Z	O	N	O
A	Y	O	X	H	W	R	S

a. ....

b. ....

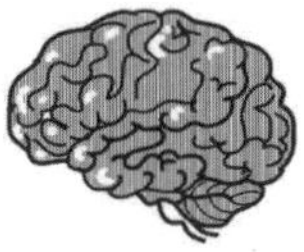

c. .... d. .... e. .... f. ....

treinta y uno 31

REPASAMOS

UNIDAD 3

1. Escucha y relaciona.

a. b. c.
d. e. f.

2. Dibuja.

un lápiz amarillo　　una pizarra blanca　　una cartera azul

una papelera verde　　una ventana roja

3. Contesta.

a. ¿Dónde está el libro?

b. ¿Dónde está el bolígrafo?

c. ¿Dónde está el sacapuntas?

32 treinta y dos

REPASAMOS

4. Lee y contesta.

¿Quién es este?

....

¿Cómo es?

Es ....

Tiene ....

Es ....

¿Adónde va?

....

5. Escribe.

¿Qué quiere el espantapájaros?

Quiere ....

¿Qué quiere el hombre de metal?

....

¿Qué quiere el león?

....

¿Qué quiere Dorita?

....

treinta y tres 33

Vida sana

1.  Une con flechas de colores y escribe.

Montar en bici

Bailar

Nadar

Jugar al baloncesto

Patinar

Montar a caballo

Correr

Jugar al fútbol

2.  Escribe: ¿qué te gusta hacer en tu tiempo libre?

| Me gusta... | No me gusta... |

	😊	☹
Nadar		
Bailar		
Jugar al fútbol		
Montar en bici		
Correr		
Jugar al baloncesto		

a. ....

b. ....

c. ....

d. ....

e. ....

f. ....

Hacer deporte

LECCIÓN 1

3.  **Contesta:** Sí, sé... No, no sé...

Sé..., pero no muy bien.

a. ¿Sabes nadar? ....
b. ¿Sabes patinar? .... 
c. ¿Sabes esquiar? .... 
d. ¿Sabes montar en bici? .... 
e. ¿Sabes bailar? .... 
f. ¿Sabes montar a caballo? .... 
g. ¿Sabes jugar al fútbol? .... 
h. ¿Sabes jugar al tenis? .... 

4.   **Escribe y dibuja.**

Me gusta...   No me gusta...   Sé...   No sé...

Sé..., pero no muy bien   Mi deporte favorito es...

UNIDAD 4 — ¿Haces ejercicio?

1. Escribe y une con flechas de colores. yo

Patinar → Yo patino.

Nadar → Yo ....

Montar en bici → Yo ....

Saltar a la comba → Yo ....

Jugar al fútbol → Yo juego al fútbol.

Jugar al tenis → ....

Jugar al baloncesto → ....

Hacer gimnasia → Yo hago ....

Hacer ejercicio → ....

2. Completa.

Verbo	Yo...
patin**ar**	patino
nad**ar**	....
mont**ar**	....

Verbo	Yo...
com**er**	....
hac**er**	....
corr**er**	....

¡En forma!

LECCIÓN 2

3. Escribe y une con flechas. | él | ella |

a. patinar → *Ella patina.*

b. nadar → ....

c. montar en bici → ....

d. bailar → ....

e. hacer gimnasia → ....

f. correr → ....

4. Completa.

Verbo	él... ella...
patin**ar**	....
nad**ar**	....
mont**ar**	....

Verbo	él... ella...
com**er**	....
hac**er**	....
corr**er**	....

5. Escucha y escribe. | lunes | martes | miércoles | jueves | viernes | sábado | domingo |

a. *Ana patina los lunes.*

b. *Chema* ....

c. *Rubén* ....

d. *Julia* ....

e. *Elena* ....

f. *Colega corre todos los días.*

treinta y siete 37

UNIDAD 4 — Comer bien

1. Escribe las preguntas y dibuja.

Te gusta | **Te gustan**

a. ¿Te gustan los helados?

b. ¿.................. el pescado?

c. ¿.................. las verduras?

d. ¿.................. la leche?

e. ¿.................. los huevos?

f. ¿.................. el queso?

g. ¿.................. las manzanas?

2. Escribe y dibuja.

Mi comida preferida

....
....
....
....
....

¿Qué quieres?

LECCIÓN 3

3. Ana y su familia están comiendo en un restaurante. Escucha y escribe.

¿Qué quieren comer?

	Ana	Rubén	Pablo	Mamá	Papá

Menú
- Sopa .... 6€
- Espaguetis .... 7€
- Arroz con pollo .. 9€
- Filete y patatas . 12€
- Tortilla .... 8€
- Pizza .... 8€
- Hamburguesa ..... 8€
- Perrito caliente ... 6€

Postre
- Tarta .... 5€
- Manzana .... 2€
- Plátano .... 2€
- Fresas .... 3€
- Helado .... 4€

Bebidas
- Agua .... 2€
- Zumos .... 3€
- Refrescos .... 3€

Ana quiere ....
....
Rubén quiere ....
....
Pablo quiere ....
....
Mamá quiere ....
....
Papá quiere ....
....

¿Cuánto cuesta la comida?

El menú de Ana cuesta ....
El menú de Rubén cuesta ....
El menú de Pablo cuesta ....
El menú de mamá cuesta ....
El menú de papá cuesta ....

TOTAL:

treinta y nueve 39

UNIDAD 4 — ¿Qué hora es?

1. ¿Qué hora es? Une con flechas.

las nueve en punto   las ocho y media

las cuatro en punto   la una y media

las siete en punto   las seis y media

2. ¿Qué hora es? Coloca las manecillas.

a. Es la una en punto.   b. Son las cinco y media.   c. Son las doce en punto.

d. Son las once y media. e. Son las diez en punto.   f. Son las tres y media.

3. ¿Qué hora es?

a. ....   b. ....   c. ....

40 cuarenta

Hora de comer

LECCIÓN 4

4. Completa.

Verbo	Yo...	Él... Ella...
Desayun**ar**	....	....
Com**er**	....	....
Merend**ar**	....	....
Cen**ar**	....	....

5. Escribe la hora, copia y dibuja.

Yo desayuno a las ....
....

Yo meriendo a las ....
....

Yo como a las ....
....

Yo ceno a las ....
....

cuarenta y uno 41

UNIDAD 4 — REPASAMOS

1. Escucha, une con flechas y escribe.

1. Carmen   2. Nacho   3. Luisa   4. Jorge

1. A Carmen le gusta ....
2. ....
3. ....
4. ....

2. Completa.

	Yo...	Tú...	Él... Ella
Nad**ar**	nado	nadas	nada
Patin**ar**			
Bail**ar**			
Cen**ar**			
Com**er**			
Corr**er**			
Quer**er**			

3. Encuentra a alguien que...

Escribe el nombre aquí

Sabe nadar. ....

No sabe esquiar. ....

Le gusta jugar al tenis. ....

No le gusta correr. ....

¿Sabes esquiar?

¿Te gusta jugar al tenis?

42 cuarenta y dos

REPASAMOS

4. Completa y contesta.

| jugar al fútbol | patinar | no sabe | sí, sí sé |

| no, no sé |

Alba sabe ....,

pero ....nadar.

¿Tú sabes nadar? ....

¿Sabes patinar? ....

Daniel sabe ....,

pero .... jugar al baloncesto.

¿Tú sabes jugar al fútbol? ....

¿Sabes jugar al baloncesto? ....

5. Completa: desayunar | comer | cenar .

Son las ....   Es la hora de ....

Es la ....   Es la hora de ....

Son las ....   Es la hora de ....

cuarenta y tres 43

UNIDAD 5

El carnaval...

1. Mira la página 44 de tu libro y contesta.

a. ¿Dónde viven los canguros?
....

b. ¿Dónde viven los monos?
....

c. ¿Dónde viven los osos panda?
....

d. ¿Dónde viven los zorros?
....

2. Completa el crucigrama y dibuja el animal que falta.

1. O S O
2.
3.
4.
5.
6.
7.
8.
9.

10.

cuarenta y cuatro

...de los animales

LECCIÓN 1

3. Mira el ejercicio 2 y contesta.

¿Qué animal es?

a. Es grande. Es fuerte y lento. Es gris. Tiene trompa. *El elefante*

b. Es muy grande. Vive en el mar. ....

c. Tiene el cuello muy largo. Come hojas. ....

d. Es pequeño. Sabe volar, cantar y hablar. ....

e. Es feroz y rápido. Tiene rayas negras. Vive en Asia. ....

f. Vive en Australia. Tiene una bolsa para llevar a sus hijos. ....

4. Ahora tú. Elige un animal, descríbelo y dibújalo.

Es ....

Tiene ....

Vive en ....

Sabe ....

No sabe ....

Come ....

5. Completa.

Verbo	Él... Ella...	Ellos... Ellas...
Ten**er**	....	....
Viv**ir**	....	....

cuarenta y cinco 45

UNIDAD 5 — Los hábitats

1. Lee en tu libro la página 46 y completa.

Hábitat	Animales
La selva	los loros
El mar	
Ríos y lagos	
El desierto	
El hielo y la nieve	
La pradera	
La sabana	

2. Lee, une con flechas de colores y escribe el nombre.

Vive en los ríos. Tiene los dientes muy grandes, la cola larga y las patas cortas. Es verde. Come carne y pescado.

Vive en África, en la sabana. Es un ave fuerte y grande. Tiene el cuello muy largo y la cabeza pequeña. Tiene las patas largas. No sabe volar, pero corre muy rápido.

Vive en el mar. Es un mamífero. Sabe nadar muy bien. También sabe saltar y silbar. Es muy inteligente y cariñoso. Come pescado.

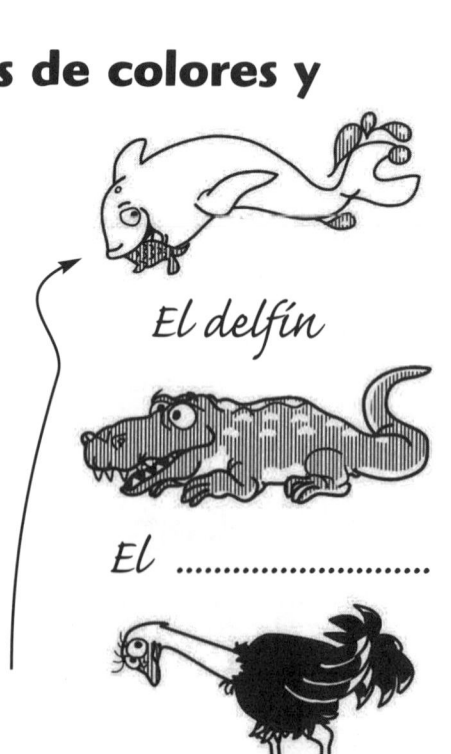

El delfín

El ....

El ....

Animalandia

LECCIÓN 2

3. Escucha y señala con una cruz.

FAVORITOS	Rubén	Ana	Julia	Chema	Elena
Delfín					
Tigre					
Mono					
Canguro					
Pingüino					

4. Lee y colorea.

MI ANIMAL FAVORITO

Mi animal favorito es el león. Es muy fuerte y valiente. Tiene melena. Tiene los dientes grandes. Vive en África, en la sabana. Come carne. Es el rey de la selva.

Jorge

5. Ahora tú. ¿Cuál es tu animal favorito?

Mi animal favorito

....

....

....

....

cuarenta y siete 47

UNIDAD 5 — Animales de granja

1. Lee y une con flechas de colores.

a. b. c. d. e. f. g. h. i. j. k. l. m.

- una oveja
- una vaca
- un caballo
- un ratón
- un pato
- un conejo
- un pez
- un burro
- un pollito
- una gallina
- un pájaro
- una cabra
- un cerdo

2. Observa y contesta.

Sí, es... **No, no es...**

a. ¿Es un pájaro?
No, no es un pájaro.

b. ¿Es un conejo?
Sí, es un conejo.

c. ¿Es una gallina?
....

d. ¿Es una vaca?
....

e. ¿Es un cerdo?
....

f. ¿Es un burro?
....

cuarenta y ocho

El abuelo Juan

LECCIÓN 3

3. **Lee en tu libro la página 49, completa con** Cuántos **o** Cuántas **y contesta.**

¿ *Cuántas* vacas tiene el abuelo Juan? ....*Dos vacas.*........

¿ ☐ cerdos tiene el abuelo Juan? ....

¿ ☐ gallinas tiene el abuelo Juan? ....

¿ ☐ ovejas tiene el abuelo Juan? ....

¿ ☐ patos tiene el abuelo Juan? ....

4. **Escribe el plural.**

a. vaca: ....   d. cerdo: ....

b. oveja: ....   e. ratón: ....

c. pato: ....   f. pez: ....

Recuerda
Vocal + s
Consonante + es
Z > c + es

5. **Escribe en su lugar.**

un	una

unos	unas

oveja   burros   cabra
pollitos   vacas
conejo   gallinas   pez

cuarenta y nueve 49

UNIDAD 5 ¿Tienes mascota?

1. Escucha, une con flechas y escribe.

María
Carlos
Daniel
Rosa
Pablo

a. Carlos tiene dos peces.
b. ....
c. ....
d. ....
e. ....

2. Escucha, numera y colorea.

☐ a. Leire   ☐ b. Nacho   ☐ c. Clara   ☐ d. Roberto

3. Completa: ¿de qué color es?

- El pez de Leire es rojo.
- El pájaro de
- El pato
- El caballo

50 cincuenta

¿Cómo es?

LECCIÓN 4

4. Contesta y colorea.

- ¿Cómo se llama la gata de Rubén? ....
- ¿Cuántos años tiene la gata? ....
- ¿De qué color es? ....
- ¿Qué come? ....
- ¿Qué sabe hacer? ....
- ¿Es cariñosa? ....

- ¿Cómo se llama el pájaro de Elena? ....
- ¿Cómo es el pájaro de Elena? ....
- ¿Qué come? ....
- ¿Qué sabe hacer? ....

5. Escribe y dibuja.

Mi mascota

....
....
....
....
....

cincuenta y uno 51

UNIDAD 5 — REPASAMOS

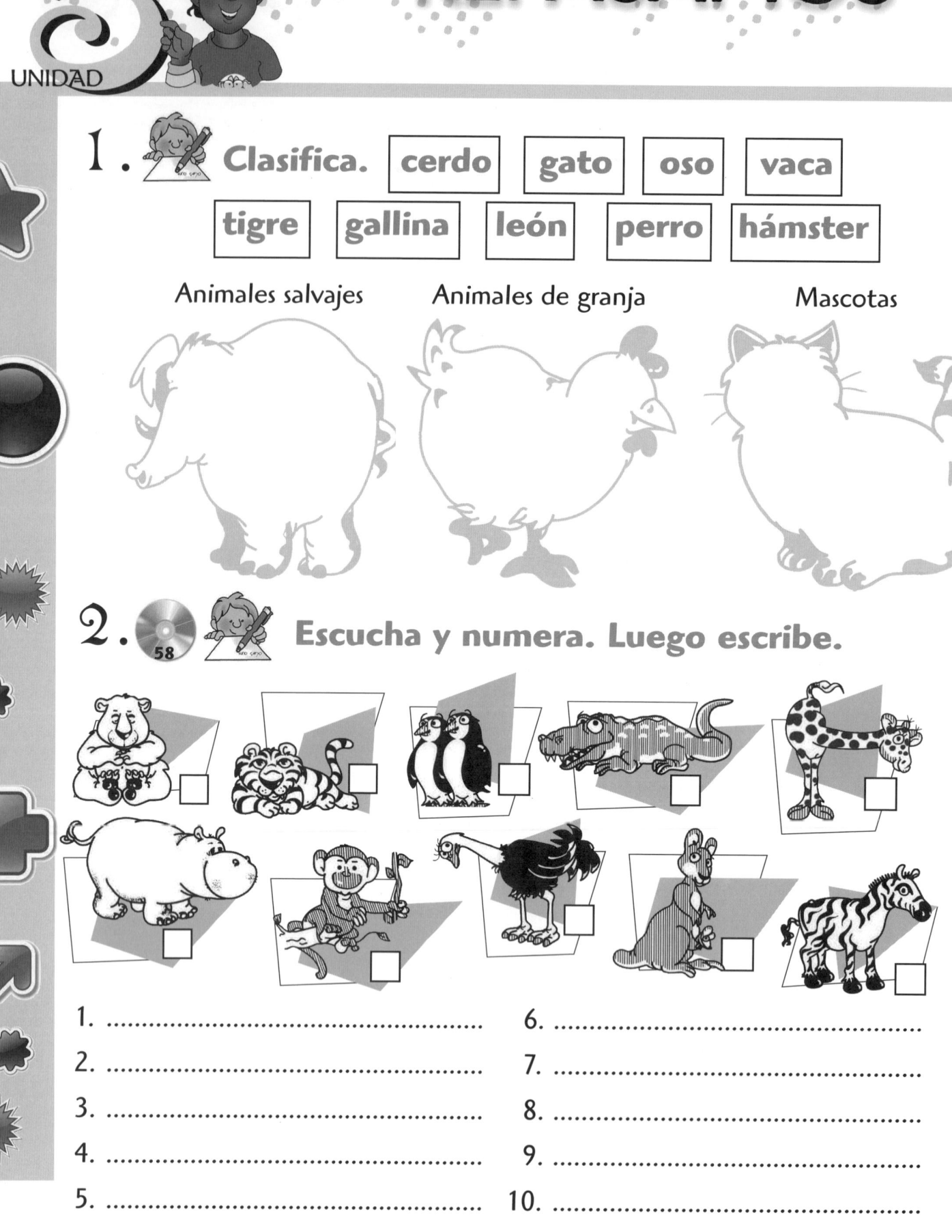

1. Clasifica.

cerdo · gato · oso · vaca · tigre · gallina · león · perro · hámster

- Animales salvajes
- Animales de granja
- Mascotas

2. Escucha y numera. Luego escribe.

1. ....
2. ....
3. ....
4. ....
5. ....
6. ....
7. ....
8. ....
9. ....
10. ....

cincuenta y dos

REPASAMOS

3. **Completa:** viven | comen | son | tienen | saben .

a. Los camellos .... en el desierto.

b. Los delfines .... muy inteligentes.

c. Los avestruces .... correr muy rápido.

d. Los monos .... plátanos.

e. Las jirafas .... el cuello muy largo.

4. **Escribe el plural.**

a. camello .... e. león ....

b. vaca .... f. delfín ....

c. oso .... g. avestruz ....

d. cebra .... h. pez ....

Recuerda

Vocal + s
Consonante + es
Z > c + es

5. **Escribe las frases en plural.**

a. El perro es inteligente.

   Los perros son inteligentes.

b. La jirafa come hojas.

   ....

c. El león es feroz.

   ....

d. La cebra tiene rayas.

   ....

cincuenta y tres

UNIDAD 6 — ¿Qué tiempo hace?

1. Escucha y numera.

a. b. c. d.
e. f. g. h.
i. j. k.

2. Mira el ejercicio 1, ¿qué tiempo hace?

a. .... e. .... i. ....

b. .... f. .... j. ....

c. .... g. .... k. ....

d. .... h. ....

3. Escribe y dibuja.

¿Qué tiempo hace hoy?

....
....
....

54 cincuenta y cuatro

Informe del tiempo

LECCIÓN 1

4. Mira en tu libro el mapa de España y contesta.

a. ¿Qué tiempo hace en La Coruña? _En La Coruña llueve._

b. ¿Qué tiempo hace en Bilbao? ....

c. ¿Qué tiempo hace en Huesca? ....

d. ¿Qué tiempo hace en Madrid? ....

e. ¿Qué tiempo hace en Barcelona? ....

f. ¿Qué tiempo hace en Canarias? ....

g. ¿Qué tiempo hace en Valencia? ....

h. ¿Qué tiempo hace en Almería? ....

5. Ahora escribe las preguntas.

a. .... En Granada hace buen tiempo.

b. .... En Zaragoza hace viento.

c. .... En Sevilla hace calor.

6. Dibuja.

| Hace sol. | Está nevando. | Hay tormenta. | Está lloviendo. |

UNIDAD 6 — Las estaciones

1. Las estaciones en España. Completa.

2. Lee y escribe el texto completo.

En España, en primavera 🌞 . Hace sol y hay muchas flores.

En verano 🌞 . En otoño 🌳 y ☁️ . En invierno ❄️ y ☁️ .

....

....

3. Clasifica: primavera, lunes, viento, verano, frío, noviembre, jueves, calor, domingo, marzo, otoño, sábado, julio, invierno, febrero, tormenta.

ESTACIONES: ....

MESES: ....

DÍAS: ....

TIEMPO: ....

La ropa

LECCIÓN 2

4. Aprende y copia.

(yo) llevo
(tú) llevas
(él) (ella) lleva

(yo) ....
(tú) ....
(él) (ella) ....

5. Lee, colorea y completa.

a. Es verano. Hace calor. Llevo una camiseta roja y un pantalón corto azul. También llevo una gorra amarilla y unas sandalias verdes.

b. Es invierno. Hace frío. Llevo un abrigo naranja, una bufanda azul y unos guantes verdes. Mi pantalón es marrón y mis zapatos, negros.

6. Y tú...

¿Qué ropa llevas en verano? *En verano llevo* ....

¿Qué ropa llevas en invierno? ....

¿Qué ropa llevas hoy? ....

cincuenta y siete 57

UNIDAD 6 — ¿Qué ropa llevan?

1. Completa con un / una.

a. .... jersey
b. .... camiseta
c. .... abrigo
d. .... falda
e. .... pantalón
f. .... camisa
g. .... gorro
h. .... bufanda
i. .... vestido

2. Colorea la ropa y completa: un / una / unos / unas.

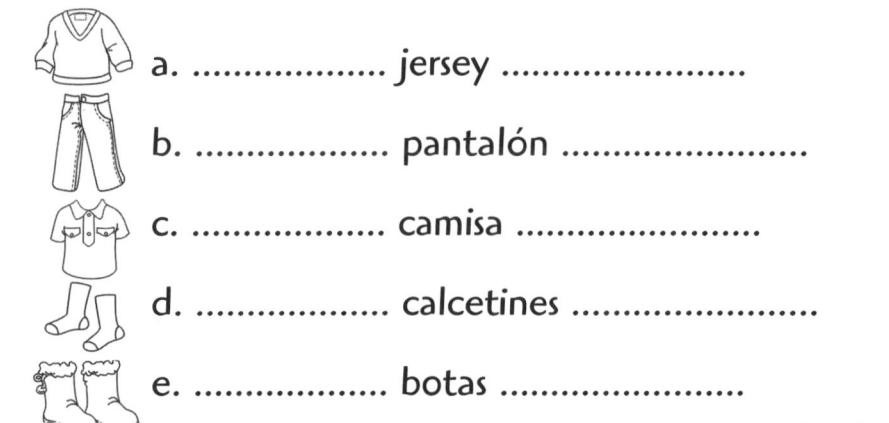

a. .... jersey ....
b. .... pantalón ....
c. .... camisa ....
d. .... calcetines ....
e. .... botas ....

2 terminaciones
rojo — roja
amarillo — amarilla
morado — morada

1 terminación
marrón — verde
gris — naranja
azul — malva

3. Escucha, colorea y escribe: Es... / Son...

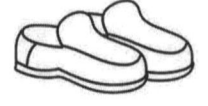

a. *Es una falda verde.*
b. ....
c. ....
d. ....
e. ....
f. ....

¿Qué te pones?

LECCIÓN 3

4. Aprende y copia.

(yo) me pongo
(tú) te pones
(él) (ella) se pone

(yo) ....
(tú) ....
(él) (ella) ....

5. Une con flechas.

a. Cuando llueve, •   • me pongo unos pantalones cortos.
b. Cuando nieva,   •   • me pongo un abrigo.
c. Cuando hace calor, •   • me pongo unas botas.
d. Cuando hace frío, •   • me pongo un impermeable.

6. Mira en la página 59 de tu libro y contesta.

¿Qué se pone Elena cuando hace frío? *Cuando hace frío, Elena se pone*
....

¿Qué se pone Julia cuando hace calor? ....
....

¿Y Chema? ....

7. Ahora tú. Escribe y dibuja.

¿Qué te pones cuando hace frío?
Cuando hace frío, me pongo ....
....
....

cincuenta y nueve 59

UNIDAD 6 — El viento y el sol

1. Completa los textos del cuento: bufanda, gorro, ropa, ¡Qué viento!, ¡Qué calor!, fuerte.

¡Yo soy muy _____!

Mira ese chico. Voy a quitarle la _____.

¡Oh! ¡Mi _____!

¡Oh! ¡Mi _____!

¡_____!

¡_____!

Responde. ¿Quién es más fuerte?

....

¡Hace calor!

LECCIÓN 4

2. Escucha, numera y colorea.

a.   b.   c.   d.

3. Ahora completa.

1. ¿Qué estación es? ....
   ¿Qué tiempo hace? ....
   ¿Qué ropa lleva Julia? ....

2. ¿Qué estación es? ....
   ¿Qué tiempo hace? ....
   ¿Qué ropa lleva Julia? ....

3. ¿Qué estación es? ....
   ¿Qué tiempo hace? ....
   ¿Qué ropa lleva Julia? ....

4. ¿Qué estación es? ....
   ¿Qué tiempo hace? ....
   ¿Qué ropa lleva Julia? ....

sesenta y uno 61

UNIDAD 6 — REPASAMOS

1. Escucha y colorea.

2. Contesta.

a. ¿Quién lleva un vestido amarillo? ....

b. ¿Quién lleva unos calcetines verdes? ....

c. ¿Quién lleva falda? ....

d. ¿Quién lleva pantalón corto? ....

e. ¿Quién lleva una camiseta rosa? ....

f. ¿Qué ropa lleva Elena? ....

....

g. ¿Qué tiempo hace? ....

3. Completa la frase.

Chema, Rubén, Ana, Elena y Julia ⬚ a la comba.

REPASAMOS

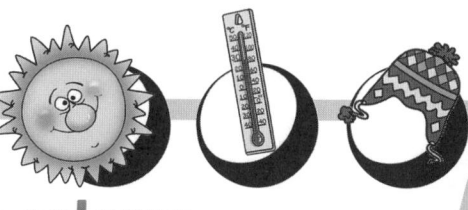

4. Escucha dibuja y colorea.

5. Contesta.

¿Dónde están los calcetines? ....

¿Dónde está el pantalón? ....

¿Dónde están los zapatos? ....

¿Dónde está la bufanda? ....

¿Dónde están el paraguas y el osito? ....

¿Dónde está el abrigo? ....

¿Dónde están las botas? ....

¿Qué día es? .... ¿Qué estación es? ....

¿Qué tiempo hace? ....

¿Dónde está el libro? ....

sesenta y tres 63

PISTAS CD

LIBRO DEL ALUMNO

UNIDAD 1 ¡A bordo!
Pista 1 Los saludos.
Pista 2 Los medios de transporte.
Pista 3 ¿Cómo te llamas?
Pista 4 ¿Cómo vas al cole?
Pista 5 Canción: El cocherito leré.
Pista 6 Canción: El abecedario.
Pista 7 El tren de los números.
Pista 8 Canción: Un globo.
Pista 9 El ratón Pérez 1.

UNIDAD 2 La paga
Pista 10 La paga.
Pista 11 Mi familia.
Pista 12 Singular y plural.
Pista 13 Canción: De colores.
Pista 14 Canción: Cumpleaños feliz.
Pista 15 El ratón Pérez 2.

UNIDAD 3 Un cuento
Pista 16 Canción: El niño robot.
Pista 17 En casa de Ana.
Pista 18 Canción: ¡Estoy aquí!
Pista 19 Canción: el corro chirimbolo.
Pista 20 La descripción física.
Pista 21 El carácter.
Pista 22 El mago de Oz.

UNIDAD 4 Vida sana
Pista 23 ¿Te gusta el deporte?
Pista 24 Hacer ejercicio es bueno.
Pista 25 La pirámide de los alimentos.
Pista 26 Los horarios de Julia.
Pista 27 El ratón Pérez 3.

UNIDAD 5 El carnaval de los animales
Pista 28 Los animales salvajes.
Pista 29 Los hábitats.
Pista 30 Los animales de granja.
Pista 31 ¿Qué es ese ruido?
Pista 32 Canción: El abuelo Juan.
Pista 33 ¿Tienes mascota?
Pista 34 El ratón Pérez 4.

UNIDAD 6 ¿Qué tiempo hace?
Pista 35 ¿Qué tiempo hace?
Pista 36 Canción: De colores, la primavera.
Pista 37 ¿Qué ropa llevan?
Pista 38 Canción: En el bosque.
Pista 39 ¿Qué te pones?
Pista 40 El viento y el sol. Fábula.

CUADERNO DE EJERCICIOS

UNIDAD 1 ¡A bordo!
Pista 41 Deletreo.
Pista 42 ¡Me voy a España!
Pista 43 Las velas.

UNIDAD 2 La paga
Pista 44 ¿Qué número es? 1.
Pista 45 ¿Te gusta?
Pista 46 ¿Cuánto cuesta?
Pista 47 ¡Felicidades!
Pista 48 ¿Qué número es? 2.

UNIDAD 3 Un cuento
Pista 49 Dictadodalí.
Pista 50 ¿Cómo es?
Pista 51 ¿Qué tienes?

UNIDAD 4 Vida sana
Pista 52 ¿Qué día?
Pista 53 En un restaurante.
Pista 54 ¿Qué le gusta?

UNIDAD 5 El carnaval de los animales
Pista 55 Tu animal favorito.
Pista 56 ¿Tienes mascota?
Pista 57 ¿Cómo es tu mascota?
Pista 58 Animales salvajes.

UNIDAD 6 ¿Qué tiempo hace?
Pista 59 ¿Qué tiempo hace?
Pista 60 ¿Qué ropa llevan?
Pista 61 ¿Qué estación es?
Pista 62 ¿Cómo van vestidos?
Pista 63 ¿Dónde está?